EL BARCO
DE VAPOR

Rasi, ayudante del ratoncito Pérez

Begoña Oro

Ilustraciones de Dani Montero

sm

fundación sm

La Fundación SM destina los beneficios de las empresas SM a programas culturales y educativos, con especial atención a los colectivos más desfavorecidos.

Si quieres saber más sobre los programas de la Fundación SM, entra en **www.fundacion-sm.org**

LITERATURA**SM**•COM

Primera edición: septiembre de 2017
Tercera edición: noviembre de 2018

Gerencia editorial: Gabriel Brandariz
Coordinación editorial: Carolina Pérez
Coordinación gráfica: Lara Peces

Impresores, 2
Parque Empresarial Prado del Espino
28660 Boadilla del Monte (Madrid)
www.grupo-sm.com

ATENCIÓN AL CLIENTE
Tel.: 902 121 323 / 912 080 403
e-mail: clientes@grupo-sm.com

ISBN: 978-84-675-9585-7
Depósito legal: M-10132-2017
Impreso en la UE / *Printed in EU*

Para Carolina Pérez,
muleta de mis textos y,
quizá por ser familia suya,
valiente defensora
de la estatura del ratoncito,
perdón, ratón Pérez.

LA PANDILLA DE LA ARDILLA

NORA

Nora es tímida.
Le **encantan** la naturaleza,
las cosas bonitas,
los cuentos de su abuela
y los libros.

AITOR

A Aitor también le gustan
los libros, la música...
y es un aventurero.
A veces saca versos
de dentro del sombrero.
Y es que Aitor es nervioso
y medio poeta.

IRENE

Irene es tan nerviosa
como Aitor... o más.
Irene es tan «más»
que le encantan las sumas,
el fútbol y la velocidad.
Pero hasta una deportista veloz
necesita calma de vez en cuando.

ISMAEL

Ismael es experto
en mantener la calma,
comer piruletas, pintar
¡y hacer amigos!
¡Ah! A veces
(muchas veces)
se olvida de cosas.

RASI

Nora estaba feliz.

Iba a pasar el fin de semana con la ardilla Rasi.

El viernes por la tarde, Ismael, Irene y Aitor se despidieron de ella:

–¡Adiós, Rasi! ¡Pásalo bien! ¡Y cuéntanoslo todo el lunes!

Rasi iba a tener mucho que contar...

En casa de Nora,
estuvieron jugando al escondite.
Rasi se escondía tan bien
que no había forma de encontrarla.

–¡Me rindo! –dijo Nora.

Pero Rasi no aparecía.

Hasta que no llegó de la cocina
el olor a galletas recién hechas,
Rasi no salió de su escondite.

–¡Hiii! –gritó, que,
como todo el mundo sabe,
significa en idioma ardilla: «¡Galletas!».

Las galletas estaban riquísimas
y crujientes. Muy crujientes.

–Ay –dijo Nora,
después de dar un mordisco–.
Se me mueve un diente.

Rasi movió la nariz y las orejas.
Le habría gustado tener dientes
y moverlos también. Pero Rasi no se quejaba.
Había una gran ventaja en eso
de no tener dientes: no tenía que lavárselos.
Eso, lavarse los dientes, es lo que hizo Nora
antes de irse a la cama.

Aquella noche, antes de apagar la luz, estuvieron viendo un libro de animales.

–Que durmáis muy bien –dijo la madre de Nora, y le dio un beso a cada una.

Nora se durmió abrazada a Rasi.

Pero, de repente, en medio de la noche, Rasi notó que algo se movía.

–¡Pst, pst! –oyó que alguien la llamaba–. ¡Hiii hiii!*

Rasi abrió los ojos y buscó en la oscuridad. A la luz del quitamiedos, distinguió un ratón.

* Traducción del idioma ardilla: «¡Ardilla! ¡Ardilla!».
A partir de aquí, todos los diálogos están traducidos del idioma ardilla.

El ratón se acercó un poco más a la cama.
Llevaba un pantalón verde, una elegante chaqueta y pajarita. Del hombro derecho le colgaba una bandolera colorada.
Rasi quería proteger a Nora sin despertarla.

–¡Detente, roedor! –dijo Rasi en voz baja. Acababa de aprender en el libro de animales de Nora que los ratones eran roedores.

–Disculpa, pequeña ardilla, pero tú también eres una roedora –respondió el ratón.

–¿En serio? –preguntó Rasi sorprendida. Nora se removió en la cama. Rasi bajó la voz y preguntó–: Entonces, ¿somos de la misma familia? ¿Somos primos?

Luego, se frotó los ojos.

–¡Ah, claro! –se respondió Rasi a sí misma–. ¡Por eso hablas mi idioma!

–Bueno... –explicó el ratoncito–. Mi idioma es el idioma ratón, pero viajo mucho y me gusta aprender otras lenguas. Además, nuestros idiomas se parecen. Es como el italiano, el rumano, el catalán, el gallego, el francés, el castellano... Todos pertenecen a la misma familia.

–¿A la familia de los roedores? –preguntó Rasi, sin acabar de entender lo que le decía aquel ratón tan viajado.

–No, todos vienen del latín.

–¿Del patín? ¿Qué patín? –preguntó Rasi, más dormida que despierta.

El ratón dio por acabada la conversación y se acercó más a la cama.

Rasi miró a Nora. Seguía dormida. Luego miró al ratón. Parecía dispuesto a subir a la cama.

–Ey, ¿qué haces? –le dijo Rasi.

El ratón resopló. No estaba acostumbrado a dar explicaciones. Normalmente llegaba a las casas, hacía su trabajo y se iba.

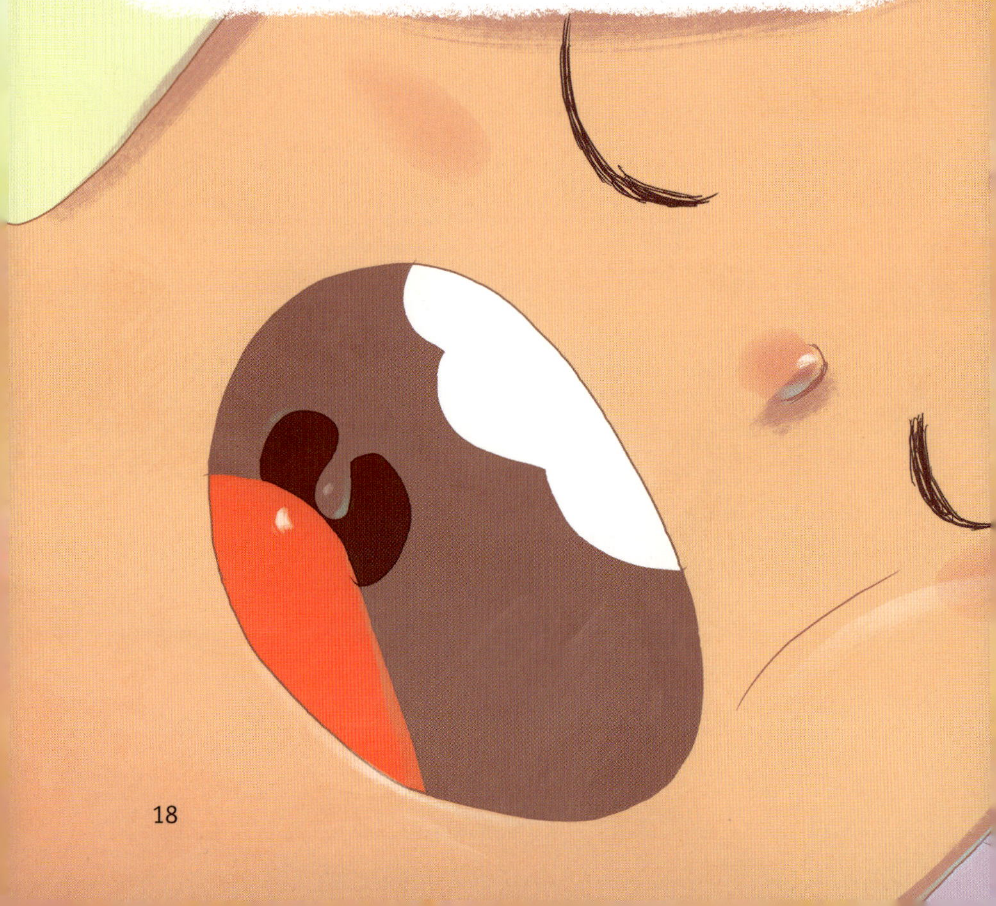

–¿No se ha caído aún?
–preguntó el ratón señalando a Nora.

Rasi miró asustada a su amiga.

–¿Quién, Nora? ¡No!
¡Y espero que no se caiga!

El ratoncito meneó la cabeza de lado a lado.

–Noooo –dijo armándose de paciencia–.
Digo el diente.

–¿El diente? ¿Qué diente? –preguntó Rasi.

Entonces, el ratón le contó a Rasi para qué había venido.
Resulta que se dedicaba a recoger dientes.
Cuando a un niño se le caía uno, iba a su casa y lo cogía para su colección.
A cambio, le dejaba una moneda o un regalo.

–Ahora ya sabes qué hago aquí –dijo el ratón–. Pero permíteme que te pregunte: ¿qué hace una ardilla como tú en un sitio como este?

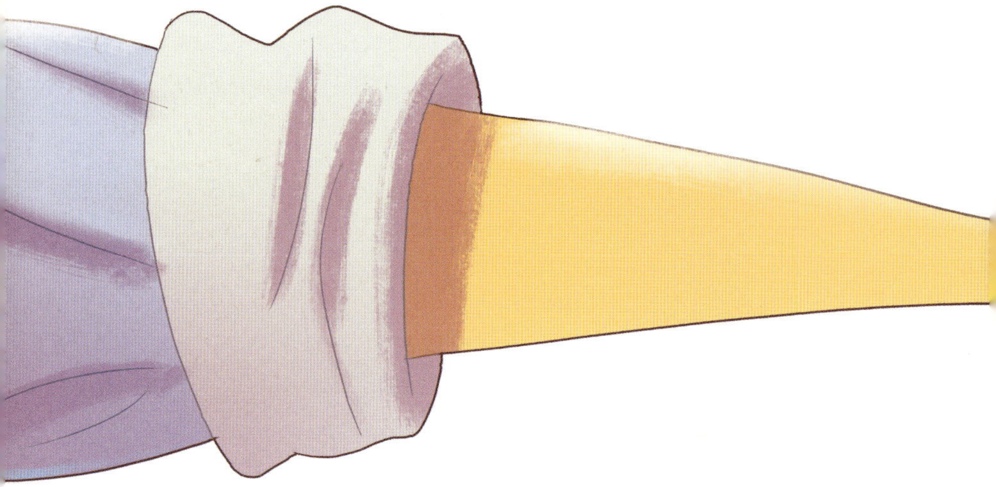

–¿Yo? Yo soy la ardilla Rasi. Soy amiga de Nora.

El ratón subió hasta la mesilla.

–Encantado, ardilla Rasi –dijo extendiendo la mano–. Yo soy Pérez, Ratón Pérez. Aunque la gente suele llamarme «el ratoncito Pérez».

Rasi y el ratoncito Pérez se dieron la mano.

–Pues lo siento, Pérez,
pero si has venido a por un diente,
tendrás que esperar –dijo Rasi–.
Nora dijo que se le movía,
pero creo que aún lo tiene dentro de la boca.

Nora se dio la vuelta.
Dormía con la boca abierta.
El ratoncito Pérez se puso de puntillas
para ver el diente.

—Mmm —dijo el ratón—.
Yo diría que este diente está al caer.
Y entonces... PUM.
Quien se cayó fue él.
De la mesilla al suelo.
—Ay, ay, ay —se quejaba—.
Creo que me he torcido un tobillo.

Nora se removió en la cama.

–Chist –dijo Rasi.

–Ay, ay, ay –se quejó el ratón en voz baja.

Rasi bajó de la cama.

–¿Estás bien? ¿Puedes levantarte?

Con ayuda de Rasi,
el ratoncito Pérez logró levantarse.
Pero le dolía mucho cuando apoyaba la patita.

Rasi dejó al ratoncito Pérez
apoyado en la zapatilla de Nora y le dijo:

–¡No te muevas! ¡Ahora vuelvo!

Recordaba haber visto algo en el baño que podría ayudar a andar al ratón. Fue corriendo y volvió con un pequeño paquete.

–¿Qué es eso? –preguntó el ratoncito Pérez.

Rasi se rascó la cabeza.

–Yo diría que es un paquete de muletas para ratoncitos.

Rasi sacó un par. Apoyado en ellas, el ratoncito Pérez podía andar, más o menos.

–Lo malo es que mañana no podré volver. Debería estar en reposo –dijo el ratón–. Y lo más seguro es que mañana se le caiga el diente. Y si no vengo...

El pobre ratón Pérez parecía muy preocupado.

–Si necesitas ayuda... –se ofreció Rasi.

–¿De verdad quieres ayudarme?

Y esto fue lo que le pidió el ratoncito Pérez a Rasi:

1. Esperar a que a Nora se le cayera el diente y lo dejara bajo la almohada.
2. Recoger el diente y esconderlo hasta que el ratoncito Pérez pudiera ir a buscarlo.
3. Dejar a cambio, bajo la almohada, un regalo.

El ratoncito Pérez sacó de su bandolera un libro de plantas y una moneda reluciente y los puso debajo de la cama.

–Los dejo aquí –dijo el ratón.

–Sí, sí... –dijo Rasi, medio dormida.

–¡No me falles, Rasi! ¡Cuento contigo! –dijo el ratoncito Pérez mientras se iba alejando poquito a poco.

Pero Rasi ya estaba profundamente dormida.

A la mañana siguiente, a Nora le costó un buen rato despertar a Rasi.

Hasta tuvo que amenazarla con tirarle un vaso de agua. Pero al final le dio pena.

–Pobre Rasi –dijo Nora–. ¿Has dormido mal?

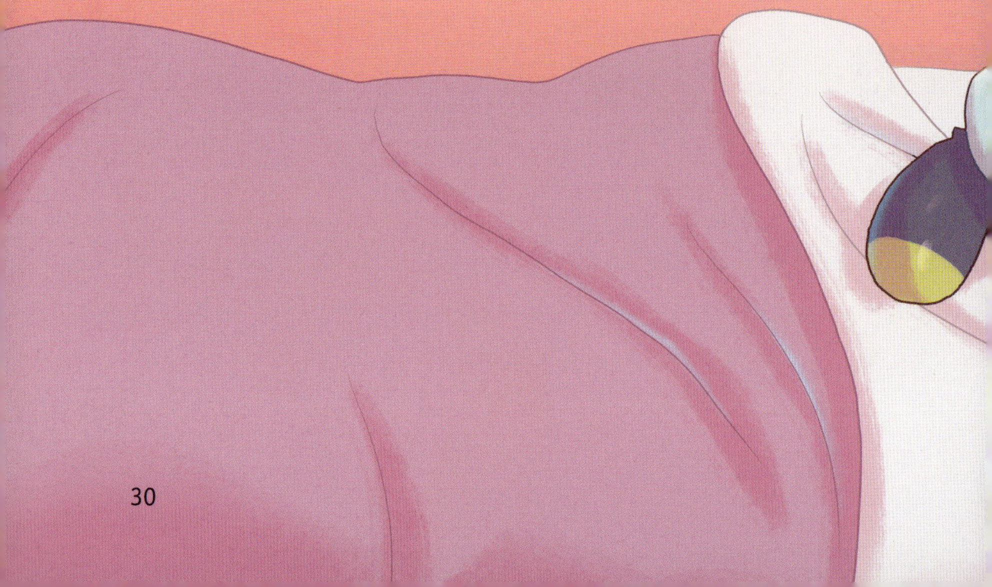

—Hiiii hiiiii hiiiiii —susurró Rasi, que, como todo el mundo sabe, significa en idioma ardilla: «Un ratito más, por favor. Solo un ratito más».

—¡El bosque nos espera!

La familia de Nora había preparado una excursión en bicicleta al bosque.

Después de desayunar, salieron.

Rasi iba en la cesta de la bici de Nora.

El movimiento de la bici la mecía y no tardó en quedarse frita.

Durante buena parte del camino estuvo dormida. ¡Estaba tan cansada!

En su sueño apareció un ratón montado en bicicleta. Cuando se despertó, Rasi pensó: «Ha tenido que ser un sueño. Todo. Lo de ahora y lo de esta noche». Recordaba partes de su encuentro con el llamado ratoncito Pérez, pero ¡tenía tanto sueño!

En la excursión,
Rasi vio muchos animales,
pero ninguno llevaba pantalones verdes.
Tampoco encontró ninguno
que hablara idioma ardilla,
salvo dos ardillas, pero eso era normal.
«Sin duda, todo ha sido un sueño»,
pensó Rasi.

Por la tarde merendaron avellanas.

Pero cuando Nora fue a morder una... CATACROC.

–¡Ay, ay, ay! –gritó Nora–. ¡Me parece que se me ha caído el diente!

Nora sacó de la boca un diente con un poquito de sangre.

Rasi casi se desmaya al ver la sangre.

Pero cuando se desmayó de verdad fue cuando oyó a Nora decir:

–¡Lo pondré bajo la almohada! ¡Esta noche viene el ratoncito Pérez!

Cuando Rasi se repuso del desmayo, ya estaba en la cama con Nora.

–¿Ahora te despiertas, dormilona? –le dijo Nora, que creía que Rasi se había dormido–. Pues ahora hay que dormir. Además, ¡hoy viene el ratoncito Pérez!

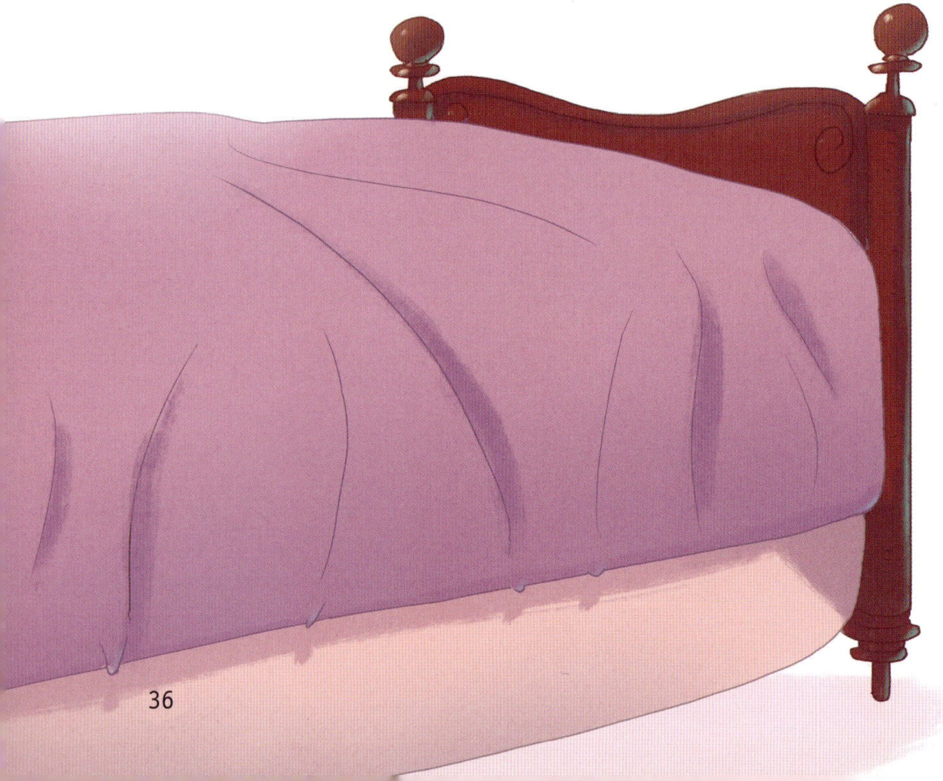

Rasi casi se desmaya otra vez.

–Pobre –dijo Nora al verla–. Está claro que ayer dormiste fatal. Pero no te preocupes, Rasi. Esta noche te abrazo fuerte y ya verás qué bien duermes.

«Ya, ya...», pensó Rasi.

No se lo podía creer.
Resulta que no había sido un sueño.
¡El tal ratoncito Pérez existía!
Rasi intentaba recordar
qué le había dicho aquel ratón.
Recordaba que se había caído
y no podía andar bien,
y que ella había prometido ayudarle.

¿Pero cómo?

Ah, sí. Tenía que coger el diente de Nora y guardárselo.

Perfecto. Cuando Nora se durmiera, cogería el diente y lo escondería detrás de la lámpara de la mesilla.

¿Y qué más? ¿Qué más?

¡Sí! Tenía que dejar algo a cambio.
¿Pero qué? ¿Un patín?
¿No había dicho el ratoncito algo de «patín»?
¿Pero qué haría Nora con un solo patín?

En ese momento, Nora le dio la respuesta:

–Rasi –le susurró ya con la luz apagada–, si en medio de la noche notas algo frío y duro en la cama, no te asustes. Será una moneda que habrá dejado el ratoncito Pérez.

«¡Eso era! –pensó Rasi–. ¡Una moneda!».

Recordó que el ratoncito le había dado una moneda reluciente. Pero era incapaz de recordar dónde la había dejado.

Rasi pensó que a lo mejor el ratoncito Pérez se había recuperado ya. Sí, eso es, aparecería en cualquier momento.

Pero pasaron los minutos... y las horas...

Y Rasi ya había escondido el diente.

Pero el ratoncito Pérez no aparecía.

«Tengo que hacer algo,
tengo que hacer algo –pensó Rasi–.
Nora espera una moneda del ratoncito Pérez
y el ratoncito Pérez espera que yo le ayude».

Desesperada, Rasi pensó que quizá,
si cogía una monedita de la hucha de Nora,
ella no se daría cuenta.
Así, por la mañana, se sentiría feliz
al ver el supuesto regalo del ratoncito Pérez.
Además, cuando volviera el ratón,
podría pedirle una moneda
para reponer en la hucha
y sería como si no hubiera cogido nada.

Rasi se escabulló de la cama con cuidado y fue hacia la hucha. Era muy difícil abrirla sin hacer ruido.

CLIN CLIN, sonaron las monedas al volcarlas en la mesa.

Nora se dio la vuelta en la cama...

Y siguió durmiendo.

«Uf, por poco», pensó Rasi.

De todas las monedas, había una grande
que brillaba incluso en la oscuridad.

Rasi devolvió el resto de monedas a la hucha,
cogió la moneda más brillante
y la puso debajo de la almohada.

Y por fin pudo dormir a pata suelta.

A la mañana siguiente, Nora la despertó.

–¡Rasi! ¡Rasi! ¡Vamos a ver si ha venido el ratoncito Pérez!

Rasi tenía muchísimo sueño, pero también tenía unas ganas enormes de ver la cara de Nora al descubrir la moneda.

Y al principio, nada más mirarla,
Rasi vio que Nora estaba
tal y como se la había imaginado:
con los ojos abiertos de par en par
y una sonrisa que no le cabía en la cara.
Brillaba como el sol.

Pero en tres segundos
fue como si se cruzara
un enorme nubarrón negro.
Nora juntó las cejas, arrugó la frente,
dejó de sonreír...

Se levantó de la cama de un salto,
fue a su hucha, sacó las monedas...

Buscó, buscó y buscó... Y de repente gritó:

–¡NOOOOOO!
¡El ratoncito Pérez es un ladrón!

Al oír los gritos, los padres de Nora fueron corriendo a su habitación.

–¿Qué pasa? ¿Qué pasa?

Entonces Rasi entendió por qué la cara de Nora se había nublado de repente.

–¡Ha cogido una moneda de mi hucha y me la ha dejado! –decía Nora entre sollozos.

Estaba muy disgustada.

–Pero, cariño –dijo su padre–, eso es imposible. ¿Cómo lo sabes?

–Mirad –dijo Nora, y les enseñó la moneda que había aparecido bajo la almohada.

Los padres de Nora miraron la moneda, se miraron entre sí y dijeron a la vez:

–¡Los soles de Ismael!

Al parecer, la moneda
era una moneda especial. De Perú.
Se la había regalado Ismael a Nora
por su cumpleaños. Desde ese día,
la guardaba como un tesoro en su hucha.
Era una moneda de cinco soles
(«sol» se llama la moneda de Perú).

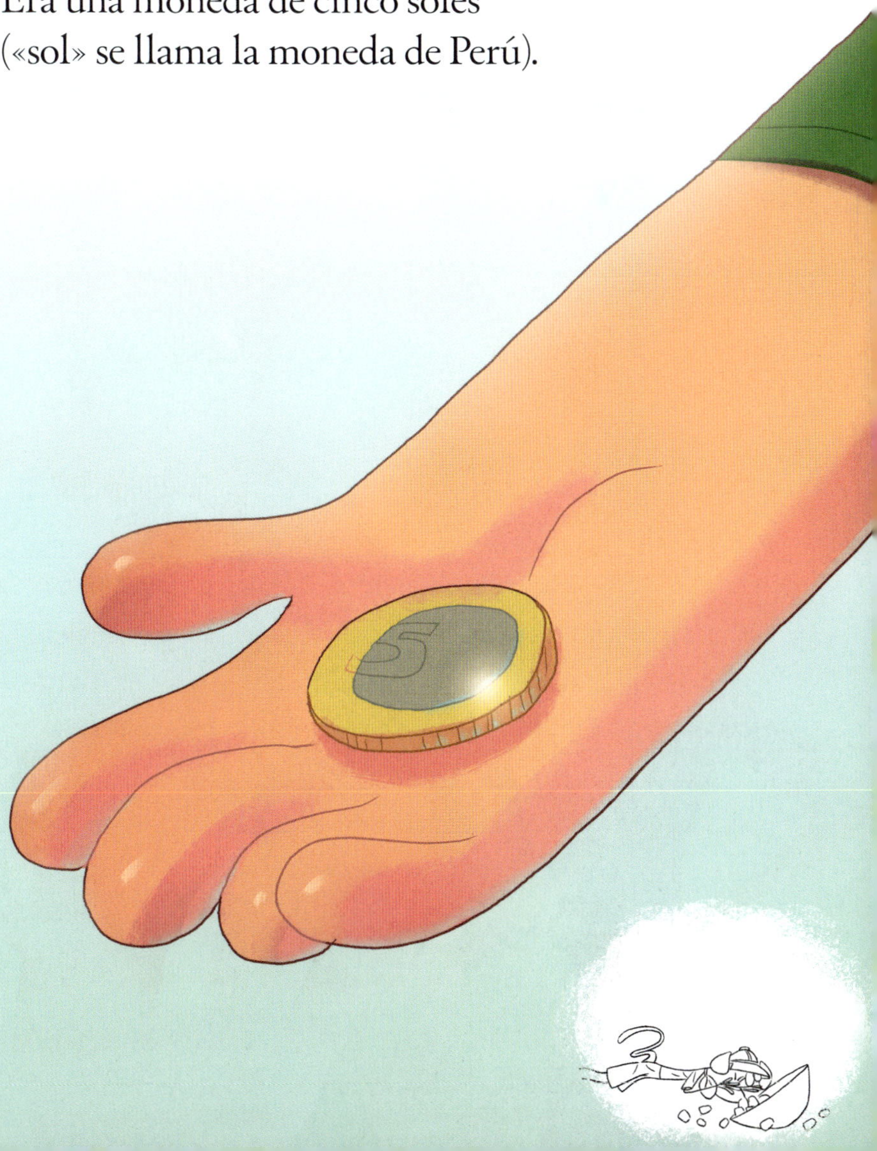

«Con razón brillaba tanto», pensó Rasi.

Los padres de Nora intentaban consolarla.

–Seguro que ha sido un error –decía la madre de Nora–. El ratoncito Pérez viaja por todo el mundo. Quizá tenía esa moneda de un viaje a Perú.

Nora movía la cabeza.

–Pero yo tenía una igual en mi hucha, ¡y ahora no está!

El padre de Nora volvió a buscar en la hucha. Pero Nora tenía razón: no había ni rastro de la moneda que le regaló Ismael.

Rasi se refugió debajo de las sábanas.
No sabía qué hacer,
y tampoco podía explicarles
lo que había ocurrido.
–Hiii hiii –dijo contrariada.
O sea: «La he liado».

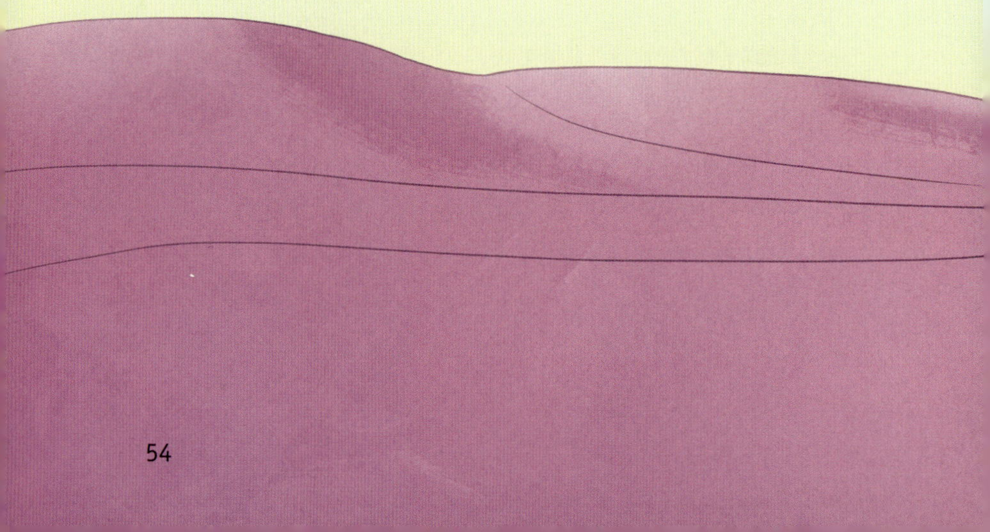

Pero Nora pensó
que Rasi estaba disgustada
por lo mismo que ella.

–Ya, Rasi. Vaya chasco, ¿verdad?
–le dijo–. Quién lo iba a decir.
El ratoncito Pérez es un ladrón.

Ni Rasi ni Nora
tenían ganas de hacer nada.
El domingo pasó lento
porque el mal humor y el aburrimiento
añaden minutos a las horas.
Hasta las galletas sabían sosas.

Por la tarde, metieron a Rasi en la lavadora.

A Rasi le encantaba,
porque el agua estaba calentita.
Pero ese día, mientras daba vueltas y vueltas,
su cabeza también daba vueltas
a lo que había pasado.
Ni el suavizante le suavizó la pena.

Ella había querido ayudar.
Pero ahora, por su culpa,
todos pensaban mal del ratoncito Pérez.

Después de secarse,
Rasi se fue a la cama con Nora.
Al día siguiente había colegio
y tenían que dormir.

El cansancio venció a Rasi
y pronto se quedó dormida.

Pero estaba tan inquieta que no dormía
profundamente. Incluso en sueños,
su cabeza daba vueltas como una lavadora.

En mitad de la noche, oyó un ruido.

–Pst, pst. Rasi –oyó que susurraban en su idioma–. Soy yo, Ratón Pérez.

Esta vez, Rasi se despertó de golpe.

Al pie de la cama, junto a la alfombra, estaba el ratoncito Pérez.

Llevaba el pie escayolado y se apoyaba en las dos muletas que le consiguió Rasi.

Rasi puso cara de horror.

–No te preocupes –dijo el ratón en voz baja–. Ya estoy mejor. Ahora puedo moverme con las muletas. Por cierto, el médico me preguntó de dónde las había sacado. ¡Le ha encantado este modelo!

Pero Rasi estaba preocupada por otra cosa. ¿Cómo reaccionaría el ratoncito Pérez al saber que ahora le tomaban por un ladrón?

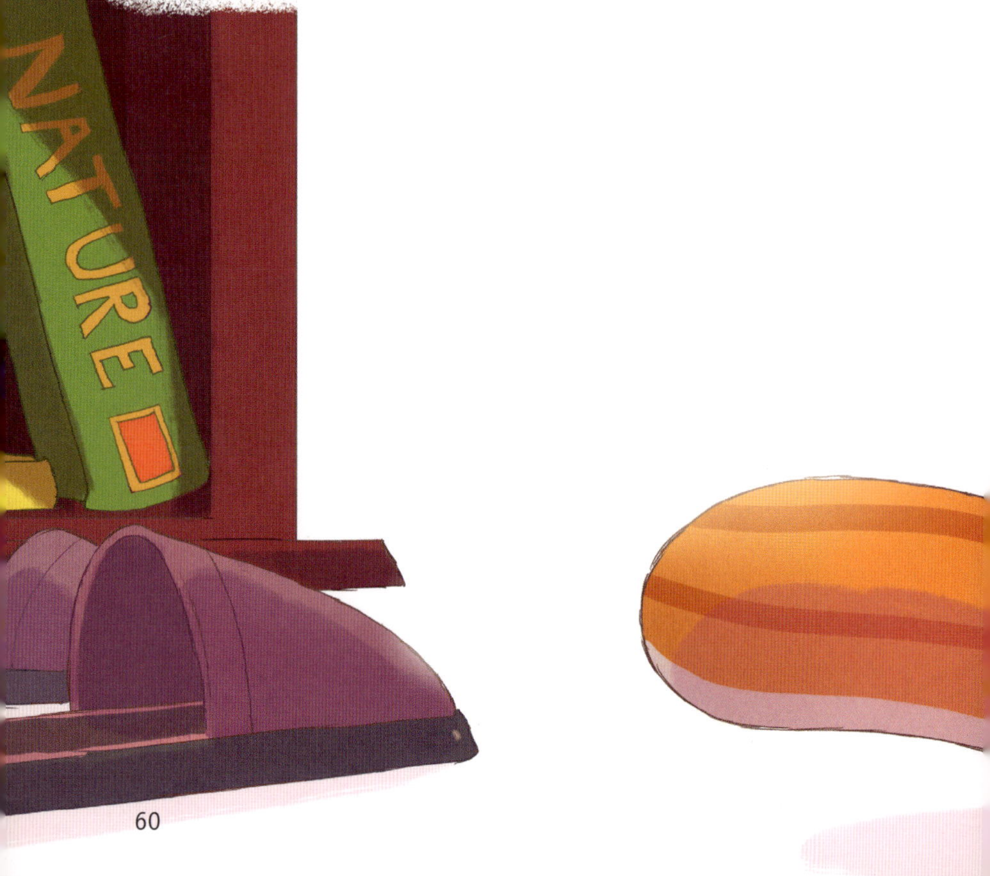

Le daba muchísima vergüenza, pero tendría que contárselo.

Rasi respiró hondo y, a todo correr, bajó de la cama.

Entonces, le explicó al ratoncito Pérez lo que había pasado.

El ratón se atusó los bigotes y dijo pensativo:

–Vaya, vaya. Tenemos una crisis de reputación.

Rasi se admiró de que no gritara,
ni se enfadara, ¡ni le echara la bronca!

–Lo siento mucho –dijo Rasi–.
Estaba tan dormida que no recordaba
dónde dejaste el regalo.
¡Si hasta creí que había sido un sueño!
Por lo menos escondí el diente para ti.

Rasi subió a la mesilla,
cogió el diente de Nora de detrás de la lámpara
y se lo entregó al ratoncito Pérez.

–Gracias, Rasi. No te preocupes –dijo el ratón metiendo el diente en su bandolera–. Hiciste lo que pudiste. Además, ya sé cómo arreglar esto. Tú duerme tranquila.

–¿En serio? –preguntó Rasi.

–Por mis bigotes –dijo el ratón Pérez.

Rasi sintió un enorme alivio. Por fin, su cabeza pudo dejar de dar vueltas como una lavadora y durmió a pata suelta.

A la mañana siguiente,
el padre de Nora fue a despertarla.

Dio un beso a Nora y otro a Rasi.

–¿Qué tal han dormido mi niña
y su ardilla? Vamos, que hoy hay cole...
–dijo suavemente.

Entonces, encendió la luz de la mesilla y...

–¿Qué es esto? –dijo sorprendido.

Encima de la mesilla
había un precioso libro de plantas,
una moneda reluciente y un sobre.
«Para Nora», ponía.
Nora se incorporó en la cama.
Su cara brillaba otra vez como un sol.
–Mamá, ¡corre a ver esto!
La madre de Nora entró en la habitación.
–¡Mira, Rasi! –siguió diciendo Nora–.
¡Regalos! ¡Y una carta! ¿No habrás sido tú?

Rasi se levantó de un salto.
El corazón le latía fuerte.
Sospechaba quién podría haber escrito la carta...
y acertó.

Querida Nora:

Soy el ratoncito Pérez.
Disculpa el retraso y la confusión.
Me adelanté un día a tu diente
y tuve un pequeño accidente.
¡Menos mal que estaba ahí la ardilla Rasi!
No sé qué habría hecho sin su ayuda.
Por eso no he podido volver hasta esta noche.
¡Gracias por el diente!
Un cordial saludo,
El ratoncito Pérez

P.D.: Dale un muletazo cariñoso
de mi parte a Rasi.

Todos miraron a Rasi.

–Hiii hiii –dijo ella, que, como todo el mundo sabe, significa: «Hay que ver cómo domina los idiomas este ratón».

Nora abrazó a Rasi mientras susurraba orgullosa:

–Eres la mejor, Rasi.

La madre de Nora no paraba de asentir con la cabeza:

–Claro, esto lo explica todo.

–Bueno, casi todo –dijo el padre de Nora–. Porque... ¿cómo fue a parar la moneda de Ismael bajo la almohada de Nora?

–Sí, y... ¿qué es un muletazo? –dijo Nora.

Entonces, la madre de Nora
vio en el suelo un pequeño paquete
lleno de extraños palitos
como muletas de ratón.

–¿Qué hace aquí mi paquete de palillos
con seda dental?

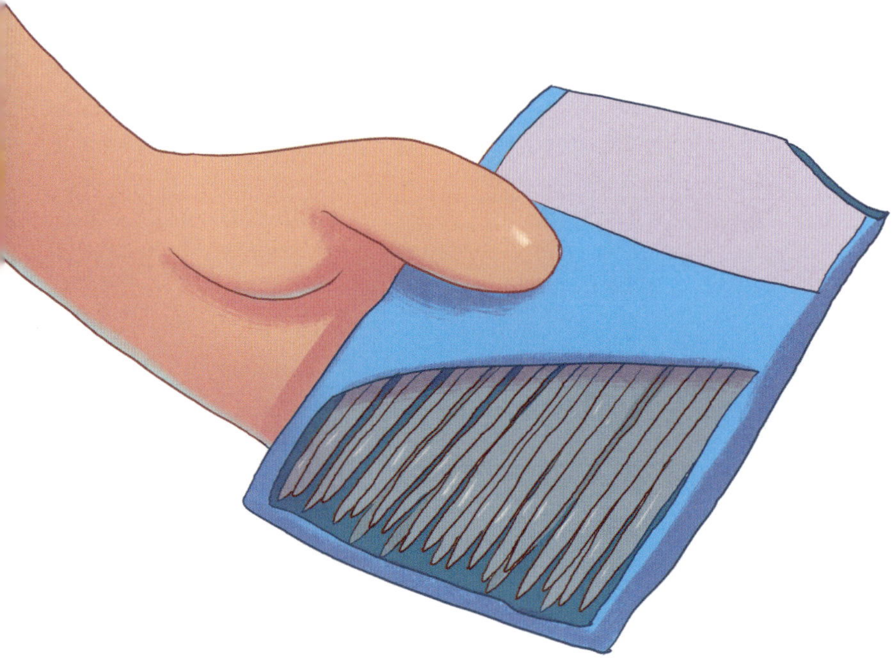

Misterios de la vida...
que solo Rasi podría resolver.
–¡Hiiii hiiiiii!

¿Y tú?

Hay momentos en los que tenemos ocasión de demostrar a los demás cuánto nos importan, como cuando nos ponen una escayola.
Los amigos suelen escribir en ella cosas bonitas.

Rasi ya ha firmado en la escayola del ratoncito Pérez. ¿Te apetece a ti ponerle una dedicatoria?

* Traducción del idioma ardilla:
«Para mi amigo, ¡y primo!, Pérez. ¡De mayor quiero saber tantos idiomas como tú! (Y tener dientes para que vengas a verme). ¡Mejórate pronto! Rasi».

TE CUENTO QUE DANI MONTERO...

... cree que la amistad es el rasgo más importante en la evolución del ser humano. Es ese sentimiento que nos une y nos hace querer ayudar y estar cerca de otras personas. Sin la amistad no habríamos llegado tan lejos como especie, y la vida se haría más solitaria y amarga. Está convencido de que la risa surgió para poder estrechar esos lazos y hacerlos inquebrantables, pues no hay nada más satisfactorio que una jornada de risas entre amigos. Ayudar a los demás es la herramienta que propicia el descubrimiento de nuevas amistades. Lo curioso es que la cantidad de amigos que uno puede hacer es ilimitada. ¡Qué especie tan fascinante, los humanos!

Dani Montero nació en Catoira (Pontevedra). Sus inicios profesionales fueron en el campo de la animación, tanto en largometrajes como en series. Ha sido galardonado con diversos premios en animación, caricatura y cómic.

Si quieres saber más sobre él, visita su web y su blog:

www.danimonteroart.com
www.danimonteroart.com/es/blog

TE CUENTO QUE BEGOÑA ORO...

... cuando era pequeña, hizo algo parecido a lo que hace Rasi en esta historia. Resulta que Ester, la hermana pequeña de Begoña, siempre ha sido muy ahorradora y, de chiquita, guardaba el dinero en una hucha con forma de abeja (Willy la llamaba). Una vez, para un cumpleaños de Ester, Begoña quería hacerle un regalo, pero, como no tenía dinero, lo cogió de la hucha de su hermana. ¿Cuenta eso como regalo? ¡Ester creyó que no! Bueno, y ahora Begoña sabe que tampoco. (Sí, Ester se dio cuenta. No es que Willy se chivara: es que Ester apuntaba todas las monedas y billetes que había en su hucha). Begoña te aconseja que, si no tienes dinero para hacer un regalo, hagas un dibujo o escribas un poema. ¡Esos regalos, y los que se comen, son los que más le gustan a Begoña!

Begoña Oro nació en Zaragoza y trabajó durante años como editora de literatura infantil y juvenil. Ha escrito y traducido más de doscientos libros: infantiles, juveniles, libros de texto, de lecturas... Además, imparte charlas sobre lectura, edición o escritura.

Si quieres saber más sobre Begoña Oro, visita su web:

www.begonaoro.es